I LOVE MY MOM
Я ЛЮБЛЮ СВОЮ МАМУ

Shelley Admont
Illustrated by Sonal Goyal and Sumit Sakhuja

www.kidkiddos.com
Copyright©2014 by S.A.Publishing ©2017 by KidKiddos Books Ltd.
support@kidkiddos.com

All rights reserved. No part of this book may be reproduced in any form or by any electronic or mechanical means, including information storage and retrieval systems, without written permission from the publisher or author, except in the case of a reviewer, who may quote brief passages embodied in critical articles or in a review.
Third edition, 2025

Translated from English by Mariia Fonrabe
Russian editing by Anna Guryeva

Library and Archives Canada Cataloguing in Publication
I Love My Mom (Russian Bilingual Edition)/ Shelley Admont
ISBN: 978-1-83416-220-1 paperback
ISBN: 978-1-77268-467-4 hardcover
ISBN: 978-1-77268-047-8 eBook

Please note that the Russian and English versions of the story have been written to be as close as possible. However, in some cases they differ in order to accommodate nuances and fluidity of each language.

For those I love the most

Моим любимым

Tomorrow was Mom's birthday. The little bunny Jimmy and his two older brothers were whispering in their room.

Завтра у мамы день рождения. Маленький зайчик Джимми и два его старших брата шептались в своей комнате.

"Let's think," said the oldest brother. "The present for Mom should be very special."

— Давайте подумаем, — ответил старший брат. — Подарок для мамочки должен быть каким-то особенным!

"Jimmy, you always have good ideas," added the middle brother. "What do you think?"

— Джимми, у тебя всегда бывают хорошие идеи, — добавил средний брат. — Что скажешь?

"Ahm..." Jimmy started thinking hard. Suddenly he exclaimed, "I can give her my favorite toy — my train!" He took the train out of the toy box and showed it to his brothers.

— Хмм... — Джимми призадумался. — Я могу подарить ей свою любимую игрушку — мой поезд!
Он взял поезд из коробки с игрушками и показал его братьям.

"Jimmy, but you love your train," said the middle brother.

— Джимми, но ты ведь так сильно его любишь! — сказал средний братишка.

"I'm OK," answered Jimmy, smiling.

— Ничего страшного, — ответил Джимми, улыбаясь.

"I don't think Mom wants your train," said the oldest brother. "We need another idea. Something that she will really like."

— Не думаю, что мама захочет получить в подарок твой поезд, — возразил старший брат. — Давайте придумаем что-нибудь другое. Что-то, что ей по-настоящему понравится.

"Oh, I have one," screamed the middle brother happily. "We can give her a book."

— Я знаю! — радостно воскликнул средний зайчонок.
— Мы можем подарить ей книгу.

"A book? It's a perfect gift for Mom," replied the oldest brother. "She loves books!"

— Книгу? Это отличный подарок для мамы! — ответил старший. — Она любит читать!

"Yes, we can give her my favorite book," said the middle brother as he approached the bookshelf.

— Можем подарить ей мою любимую книгу, — предложил средний брат и подошёл к книжной полке.

"But Mom likes detective stories," said Jimmy sadly, "and this book is for kids."

— Но это книжка для детей, — грустно сказал Джимми. — А мама любит детективы.

"I guess you're right," agreed his middle brother. "What should we do?"

— Ты прав, — согласился средний брат.
— Что же нам делать?

The three bunny brothers were sitting and thinking quietly, until the oldest brother finally said, "I know! We can do something by ourselves, like a card."

Трое зайчат сидели в тишине и думали. Наконец старший сказал:
— Я придумал. Давайте сами сделаем подарок для мамы. Может, открытку?

"Yeah!" exclaimed Jimmy. "Let's make Mom a card!"

— Да! — обрадовался Джимми. — Сделаем открытку!

"We can draw millions of millions of hearts and kisses," said the middle brother.

— Нарисуем целый миллион сердечек, — сказал средний братишка.

"And tell Mom how much we love her," added the oldest brother.

— И напишем маме, как сильно мы её любим, — добавил старший.

They all became very excited and started to work.

Зайчишки были очень довольны своим планом и быстро принялись за дело.

Three bunnies worked very hard. They cut and glued, folded and painted. Jimmy and his middle brother drew a lot of hearts.

Все трое усердно трудились. Они вырезали и клеили, складывали и раскрашивали. Джимми и средний брат рисовали сердечки.

Then the oldest brother wrote in large letters:
А старший зайчонок написал крупными буквами:

"Happy birthday, Mommy! We love you sooooooooo much. Your kids."
«С днём рождения, мамочка! Мы тебя оооооооочень любим! Твои дети.»

Finally, the card was ready. The three brothers were sitting on the floor looking at their creations and feeling proud of themselves.

Наконец открытка была готова. Братья сидели на полу и с гордостью смотрели на свою работу.

Jimmy smiled. "I'm sure Mom will like it," he said, wiping his dirty hands on his pants.

Джимми улыбнулся.
— Я уверен, что маме очень понравится, — сказал он, вытирая грязные лапки о штаны.

"Jimmy, what are you doing?" screamed the oldest brother. "Don't you see your hands are covered in paint and glue?"

— Джимми, что ты делаешь? — закричал на него старший брат. — Ты же весь перепачкался краской и клеем!

"Oh, oh..." said Jimmy. "I didn't notice. Sorry!"

— Ой-ой-ой... — огорчился Джимми. — Я и не заметил. Прости!

"Now Mom has to do laundry on her own birthday," added the oldest brother, looking at Jimmy strictly.

— Теперь маме придется стирать в её собственный день рождения, — сказал старший брат, строго глядя на Джимми.

"No way!" exclaimed Jimmy. "I'll wash my pants myself." He headed into the bathroom.

— Ну уж нет! Я сам постираю свои штанишки! — воскликнул Джимми и направился в ванную.

"Wait, I'll help you," yelled the oldest brother, running after him.

— Подожди, я тебе помогу! — бросился за Джимми вдогонку старший брат.

Together they washed all the paint and glue from Jimmy's pants and hung them to dry.

Вместе они отстирали всю краску и клей от штанишек Джимми и повесили их сушиться.

On the way back to their room, Jimmy gave a quick glance into living room and saw their Mom there.
На обратном пути в свою комнату Джимми заглянул в гостиную и увидел там маму.

"Look, Mom is sleeping on the couch," whispered Jimmy to his brothers.
— Посмотрите, мама спит на диване, — прошептал он братьям.

"She must be very tired," added the middle brother.
— Она, наверное, очень устала, — сказал средний брат.

"I'll bring my blanket," said the older brother who ran back to their room.
— Я принесу одеяло, — предложил старший и побежал в свою комнату.

Jimmy was standing and looking at his Mom sleeping. In that moment he realized what the perfect gift for their Mom should be. He smiled.

Джимми стоял и смотрел на спящую маму. В этот момент он понял, каким будет самый лучший подарок для неё. Он улыбнулся.

"I have an idea!" said Jimmy when the oldest brother came back with the blanket.

— У меня есть идея! — сказал Джимми, когда старший брат вернулся с одеялом.

He whispered something to his brothers and all three bunnies nodded their heads, smiling widely.

Он кое-что прошептал братьям, и все трое зайчат радостно закивали головами, широко улыбаясь.

Quietly they approached the couch and covered their Mom with the blanket.

Они тихонечко подошли к дивану и накрыли маму одеялом.

Each of them kissed her gently and whispered, "We love you, Mommy."

Каждый из них поцеловал её и прошептал:
— Мы любим тебя, мамочка.

Mom opened her eyes. "Oh, I love you too," she said, smiling and hugging her sons.

Мама открыла глаза.
— Я вас тоже люблю, — сказала она, улыбнулась и обняла своих сыновей.

The next morning, the three bunny brothers woke up very early to prepare their surprise present for Mom.

На следующее утро трое зайчат проснулись очень рано, чтобы подготовить свой секретный подарок для мамы.

They brushed their teeth, made their beds perfectly and checked that all the toys were in place.

Они почистили зубы, красиво заправили кроватки и разложили все игрушки по местам.

After that, they headed to the living room to clean the dust and wash the floor.

После этого они вытерли пыль и вымыли пол в гостиной.

Next, they came into the kitchen. "I'll prepare Mom's favorite toasts with strawberry jam," said the oldest brother, "and you, Jimmy, can make her fresh orange juice."

Потом зайчата пошли на кухню.
— Я приготовлю мамины любимые тосты с клубничным джемом, — сказал старший брат. — А ты, Джимми, можешь сделать свежий апельсиновый сок.

"I'll bring some flowers from the garden," said the middle brother who went out the door.

— А я принесу цветов! — предложил средний братишка и побежал в сад.

When breakfast was ready, the bunnies washed all the dishes and decorated the kitchen with flowers and balloons.

Когда завтрак был готов, зайчата вымыли посуду и украсили кухню цветами и воздушными шариками.

"Perfect!" said Jimmy. "I think Mom woke up already. Let's go say happy birthday."

— Отлично! — сказал Джимми. — Думаю, что мама уже проснулась. Давайте пойдём и поздравим её с днём рождения.

The happy bunny brothers entered Mom and Dad's room holding the birthday card, the flowers and the fresh breakfast.

Счастливые зайчата вошли в спальню к маме. Они несли свои подарки: поздравительную открытку, цветы и поднос с завтраком.

Mom was sitting on the bed. She smiled as she heard her sons singing "Happy Birthday," while they entered the room. The little bunnies gave her the presents, jumped in her lap and hugged her tight.

Мама сидела на кровати и улыбалась. Зайчата спели ей «С днём рожденья тебя!» и вручили подарки. Потом они забрались к ней на колени и крепко обняли.

"We love you, Mom," they screamed all together.
— Мы любим тебя, мамочка! — прокричали они все вместе.

"I love you all too," said Mom, kissing all her sons. "It's my best birthday ever!"
— Я тоже вас всех люблю, — сказала мама и расцеловала зайчат. — Это мой самый лучший день рождения!

"You haven't seen everything yet," said Jimmy with a wink to his brothers. "You should check the kitchen and the living room!"

— Это ещё не всё, — сказал Джимми, подмигнув братьям. — В гостиной и кухне тебя тоже ждёт сюрприз!